Τα αγαπημένα παπάκια

Ελένη Τέγου, Στα εγγόνια μου Νικόλα, Δήμητρα, Έλενα
Άννα Φαχαντίδου, Στα παιδιά όλου του κόσμου

μέθεξις

Θεσσαλονίκη 2014

Η επικοινωνία με τα παιδιά είναι μια τέχνη που χάνεται.
Το παραμύθι είναι το μέσον, που τη βοηθά να βγει και πάλι στο φως.

Κατασκευή εξωφύλλου: Άννα Φαχαντίδου
Εικονογράφηση: Άννα Φαχαντίδου
Επιμ. έκδοσης: Εκδόσεις Μέθεξις

© Copyright Ελένη Τέγου - Άννα Φαχαντίδου

© Copyright Εκδόσεις Μέθεξις 2014
Κεραμοπούλου 5, Θεσσαλονίκη ΤΚ 546 22
Τηλ. - Fax: 2310-278301
e-mail: info@metheksis.gr
www.metheksis.gr

ISBN: 978-960-6796-55-5

Αριθμ. Έκδοσης 60

Ελένη Τέγου - Άννα Φαχαντίδου

Τα αγαπημένα παπάκια

κόκκινη κλωστή δεμένη
στην ανέμη τυλιγμένη
δώστης κλώτσο να γυρίσει
παραμύθι να αρχινίσει

Μια φορά και έναν καιρό
σ' ένα καταπράσινο λιβάδι
είχε στήσει το σπιτάκι της
μια οικογένεια από
κάτασπρες πάπιες.

Η μαμά πάπια,
ο μπαμπάς πάπος
και τα δυο τους παπάκια,
ο Πίπης και η Πίτσα.

Κάθε φορά που ο μπαμπάς Πάπος ξυπνούσε νωρίς νωρίς για να πάει στη δουλειά του, η μαμά πάπια φρόντιζε πάντα να του έχει ένα καλοστρωμένο τραπέζι για πρωινό και αφού τον χαιρετούσε όλο χαμόγελα, πήγαινε να ξυπνήσει τα μικρά παπάκια της, για τον καθημερινό τους περίπατο πλάι στη λιμνούλα.

Όλα τα ζωάκια της γειτονιάς, είχαν να λένε για αυτή την οικογένεια. Η κυρία πάπια φρόντιζε με τόση αγάπη το σπιτάκι της. Σκούπιζε, ξεσκόνιζε αλλά και έστρωνε τα κρεβάτια.

Μεγάλη αδυναμία είχε στην αυλή
που πάντα ήταν στολισμένη με
λογής λογής λουλούδια.
Είχε κάτασπρους τοίχους
με πολύχρωμα σκαλιστά κάγκελα.

Η γειτόνισσά τους, **η μικρή σκυλίτσα η Λουλού**, είχε να λέει στις φίλες της για το πόσο σωστή μητερα ήταν η κυρία πάπια.

Όχι μόνο φρόντιζε τα παπάκια της
αλλά είχε και μεγάλη υπομονή
και με πολύ λεπτούς τρόπους
τα συμβούλευε να προσέχουν.

Τα μικρά παπάκια συνήθιζαν να ντύνονται
μόνα τους, να βάζουν σε τάξη τα πράγματά
τους και να παίρνουν το πρωινό
με την μανούλα τους.

Ποτέ δεν ξεχνούσαν την πρωινή τους
προσευχούλα, όπως τους την έμαθε
η γιαγιά πάπια που ζούσε με τον παππού
τρεις πόρτες παραπέρα.

Τα δυο παπάκια σταύρωναν τα φτεράκια
τους και με τη γλυκιά παπικίστικη φωνούλα
τους έλεγαν :

παπαπά και πιπιπί,
είμαι ένα καλό παπί
παπαπά και παπαπώ
θεέ μου σ' ευχαριστώ

Η κυρία πάπια μετά το πρωινό συνήθιζε
να βγάζει τα παπάκια της έναν περίπατο πλάι
στη λιμνούλα. Εκεί τα δυο παπάκια της
θα έκαναν χαρές κοντά στα βατραχάκια και
θα κολυμπούσαν παίζοντας κάτω από τον ήλιο.
Η κυρία πάπια θα μάζευε
χόρτα και σκουληκάκια
για ένα καλό μεσημεριανό φαγητό.

- Εμπρός παιδιά μου, πάμε ! Είπε η μητέρα.
Βγαίνοντας όμως έξω τους περίμενε
 μια όχι και τόσο ευχάριστη έκπληξη.

- Κοιτάξτε παιδιά μου,
είπε η κυρία πάπια και έδειξε προς τον ουρανό.

- Μάλλον θα βρέξει.
Η κυρία πάπια, γύρισε να πάρει την ομπρέλα της,
και τα παπάκια κατσούφιασαν.

Σα να μην σας άρεσε που μπήκαμε στο Φθινόπωρο !
είπε η μαμά πάπια.
- Τι είναι φθινόπωρο μαμά ;
  ρώτησε το μικρό παπάκι.
- Σε λίγο θα δεις.
- Μαμά, είπε το μεγαλύτερο παπάκι, κοιτάξτε !
Πέφτουν οι πρώτες ψιχάλες !
- Δεν σας είπα εγώ παιδιά μου !
Κοιτάξτε και τη λιμνούλα !
Το νεράκι της αρχίζει να κάνει
κύκλους από τις ψιχάλες που πέφτουν πάνω του.

- Να λοιπόν που το Φθινόπωρο μας φέρνει το
πρώτο του νεράκι !
Η γη θα ξεδιψάσει και οι άνθρωποι
θα σπείρουν τα χωράφια τους
για να πάρουν τους όμορφους καρπούς τους.
Τα πάπακια δεν φοβούνται το νερό.
Κολυμπούν στην όμορφη λιμνούλα και
τραγουδούν :
Παπαπά και παπαπώ
Πως μ' αρέσει το νερό
Πωπωπώ και παπαπά
κάνουμε καλή σοδειά

- Γιατί είναι θολό το νερό της
λιμνούλας σήμερα ;
είπε η Πίτσα.

- Είναι απο την βροχή κόρη μου.

Μια αστραπή φάνηκε στον
ουρανό
σαν ένα παράξενο φως
και μετά ένας κρότος πιο
δυνατός,
κι απ' αυτόν που κάνουνε
τα βεγγαλικά το Πάσχα.

- Μην απομακρυνθείτε από
κοντά μου,
γιατί η αστραπή και η βροντή
φέρνουν βροχή.

Ο Πίπης δεν άκουσε την μανούλα του.
Είδε ξαφνικά ένα σκουληκάκι να
κολυμπάει γρήγορα, λυγίζοντας δεξιά
και αριστερά το κορμάκι του και
άρχισε να τρέχει ξοπίσω του
για να το φάει.

Ο Πίπης στη βιασύνη του μπλέχτηκε
σε κάτι καλάμια και κλαδιά που δεν
μπορούσε πια
να φύγει από κείνο το σημείο.

- Πίπη ; Πίπη ; Πού είσαι ;
φωνάζαν όλα τα παπάκια
της λίμνης μαζί.
Ο Πίπης είχε ενα κλαδί στο ράμφος
και δεν μπορούσε να μιλήσει, ούτε να
φωνάξει...άρχισε να κλαίει.

- Αν άκουγα την μανούλα μου,
σκέφτηκε.

Ξαφνικά η μανούλα του φώναξε...
ε... Πίπη, που είσαι ;
Είδε το κίτρινο ποδαράκι του
να εξέχει
από την στοίβα των κλαδιών.

- Ερχόμαστε Πίπη
να σε σώσουμε, μη φοβάσαι.

Ο μπαμπάς που ήταν πιο δυνατός,
με το στόμα του απομάκρυνε
τα κλαδιά και τα καλάμια
και ελευθέρωσε τον Πίπη.

Τι χαρά ! Μέχρι και η Λουλού η
σκυλίτσα χειροκροτούσε με τα δυο
ποδαράκια της
που τα είχε σαν χέρια.

Πιο χαρούμενος όμως ο Πίπης.
Στο γυρισμό προς το σπιτάκι τους τραγουδούσε :

πωπωπώ και πιπιπί
θα γίνω το καλύτερο παπί
θα ακούω πάντα τον μπαμπά και τη μαμά
και δεν θα κάνω τρέλες ποτέ , ποτέ ξανά.

Και ζήσανε καλά τα παπάκια και εμείς καλύτερα !

Ήμουνα κι εγώ εκεί
και είπα " Μπράβο " στο παπί.

Η Ελένη Τέγου είναι μέλος της Ένωσης Λογοτεχνών Βορείου Ελλάδος, της Αμφικτυονίας Ελληνισμού και πολλών άλλων συναφών σωματείων. Στηρίζει την οικογένεια, που στις μέρες μας δεινοπαθεί. Έχει βαθιά πίστη στον άνθρωπο με την πεποίθηση πως ό,τι δώσεις στη ζωή σου με χαρά και αγάπη θα σου επιστραφεί στον μεγαλύτερο βαθμό. Είναι βραβευμένη από φορείς για την προσφορά της στα γράμματα και σε έργα ευποιίας.

Τιμήθηκε με τον Αργυρό Σταυρό του Ελληνικού Ερυθρού Σταυρού, τον «Χρυσό Ήλιο της Βεργίνας» το οικόσημο του Μουσείου «ΛΟΥΚΙΑΣ ΓΕΩΡΓΑΝΤΗ», το λάβαρο της Ελληνικής Ακαδημίας Αεροπορίας, το έμβλημα της Ευρώπης κ.α.

Άσκησε το επάγγελμα της Κοινωνικής Λειτουργού για είκοσι χρόνια. Η εργασία της έκτοτε είναι εθελοντική και ανθρωποκεντρική. Έγραψε έξι βιβλία με θεματολογία που αφορά κοινωνικά και παιδαγωγικά ζητήματα. Ασχολήθηκε σοβαρά με γονείς και τα παιδιά τους. Πιστεύει πως έχει σημασία να μάθουμε να ακούμε και να επικοινωνούμε σωστά. Τα βιβλία της έχουν ταξιδέψει σε βιβλιοθήκες ανά τον κόσμο.

Εθελοντική Δραστηριότητα

1. Με κέντρο Εργαζομένου κοριτσιού Λαμίας. (1972-5)
2. Με οικοτροφείο θηλέων στο Κολυμπάρι, Χανίων, Κρήτης. (1975-77)
3. Με εκπαιδευτικούς και γονείς Κοζάνης. (1977-79)
4. α) Στήριξη έρευνας για Αναλφαβητισμό και Παιδιών-Γονέων, στον Βόλο. (1979-85)
   β) Συμμετοχή σε πρωτότυπη κοινοτική εργασία στο Πήλιο. (1979-85)
   γ) Σχολές Γονέων Μαγνησία και Θεσσαλίας. (1979-85)
   δ) Στήριξη έργου Σωματείου «Φίλες της Αγάπης» Βόλου. (1979-85)
5. Δημιουργία Σώματος Εθελοντών για τα ΑΜΕΑ Θεσσαλονίκης και ιδιαίτερα για την πρότυπη Βιοτεχνική Μονάδα Ατόμων με Νοητική Υστέρηση στη Λακκιά. (1985-2002)
6. Μέλος του Δ.Σ. της Ένωσης Λογοτεχνών Βορείου Ελλάδος. (2003-2007)

Βιβλία

«Ντίκ Φίλε μου», «Λουκία», «Γιώργος», «Συνέχισε να ονειρεύεσαι» «Δύο αγάπες μια ζωή» «Due amori un unica vita», ποίηση, «Κατάθεση Ψυχής». Αρθρογραφία σε εφημερίδες και περιοδικά από το 1975 μέχρι και σήμερα.

Η Άννα Τσιλιγκίρογλου - Φαχαντίδου γεννήθηκε στη Θεσσαλονίκη. Είναι πτυχιούχος της Ιατρικής Σχολής του Αριστοτελείου Πανεπιστημίου Θεσσαλονίκης.

Έχει δυο ειδικότητες:

α) Παιδιατρική και β) Κοινωνική Ιατρική

Το 1982 αναγορεύτηκε με άριστα διδάκτορας Ιατρικής. Έχει υπηρετήσει σαν Σχολίατρος από το 1976 ως το 1990. Επίσης υπηρέτησε ως Προϊσταμένη της Δημόσιας Υγείας στην Διεύθυνση Υγείας Θεσσαλονίκης. Από το 1990 υπηρετεί στο Α.Π.Θ. ως καθηγήτρια στο Τμήμα της Επιστήμης της Φυσικής και Αθλητισμού.

Στη σχολή αυτή είναι διευθύντρια του Εργαστηρίου Υγιεινής και Διατροφής Αθλουμένων.

Διδάσκει Υγιεινή, Διατροφή, Αρχές Σχολικής Υγιεινής και Ειδική Αγωγή.

Είναι συγγραφέας πολλών βιβλίων όπως Ανατομία Υγιεινής, Διατροφή για Υγεία, Άσκηση και Αθλητισμό, Παιδική Ανάπτυξη και Υγεία. Η Αντιμετώπιση των Δυσκολιών Μάθησης κ.ά.

Είναι μέλος πολλών επιστημονικών εταιρειών και συλλόγων. Έχει γράψει πάνω από 150 επιστημονικές εργασίες σε Ελληνικά και ξένα περιοδικά. Έχει γράψει πάνω από 100 άρθρα στον τύπο και έχει κάνει 120 διαλέξεις στο κοινό και ΜΜΕ.

Έχει χρηματίσει Πρόεδρος ΤΕΦΑΑ, αναπληρώτρια Πρόεδρος και Μέλος Συγκλήτου.

Από το 2006-2010 υπήρξε Πρόεδρος της Επιτροπής Κοινωνικής Πολιτικής. Με καινοτόμες δράσεις προσπάθησε να βελτιώσει την πρόσβαση των αναπήρων φοιτητών με ομιλίες: ειδικό όχημα και ειδικά σεμινάρια Ειδικής Αγωγής για την προαγωγή των δεξιοτήτων των αναπήρων. Προσπάθεια που συνεχίζεται μέχρι σήμερα.

Διακρίσεις

1. Ευαρέσκεια από το Υπουργείο Κοινωνικών Υπηρεσιών & Πρόνοιας, για δραστηριότητα πέραν των καθηκόντων (1980)

2. Βραβείο (Πανελλήνιο) Παιδιατρικής (1982)

3. Βράβευση από τον σύνδεσμο των γυναικών Μακεδονίας-Θράκης εν Αθήναις,, για αριστεία και εθελοντισμό (2011)

4. Βράβευση από την Φιλόπτωχο αδελφότητα ανδρών Θεσσαλονίκης για την εθελοντική της δράση (2011) Ασχολείται με την ποίηση, λογοτεχνία, ζωγραφική και είναι μέλος της Ένωσης Λογοτεχνών και Ζωγράφων.

5. Βράβευση από τον οικουμενικό Πατριάρχη κ.κ. Βαρθολομαίο με τον αργυρό δικέφαλο της Καππαδοκίας (2014)

Μέλος Συλλόγου Ζωγράφων Θεσσαλονίκης , εταιρίας ελλήνων λογοτεχνών βορείου ελλάδος και Αμφικτυονίας του Ελληνισμού.